»Wer kehrt nicht heim, wenn er nach Griechenland fliegt? … Griechenland, Sagenland, Heimat der Götter, die Wiege des Denkens …« Wolfgang Koeppen spürt auf seinen Streifzügen durch Athen inmitten des Treibens auch ein Stück mythische Vergangenheit auf – noch im modernen Athen sind für ihn die Götter allgegenwärtig. Er entwirft ein faszinierendes Porträt der Metropole und ihrer Bewohner: die Akropolis im gleißenden Licht der Mittagshitze und im Abendrot; die Geschäftigkeit der Innenstadt am Syntagma- und Omoniaplatz, die Tavernen in den kleinen verschlungenen Gäßchen der Altstadt, der Markt und die Großmarkthalle und nicht zu vergessen die zahllosen traditionellen Kafenio, Treffpunkt für Männer aller Altersgruppen. Alles überstrahlt von der Sonne und dem einzigartigen Blau des Himmels.

Seine Reisebücher machten Wolfgang Koeppen einem größeren Publikum bekannt.

insel taschenbuch 2401

Wolfgang Koeppen

Die Erben von Salamis

Wolfgang Koeppen

Die Erben von Salamis
oder
Die ernsten Griechen

Mit farbigen Fotografien

Insel Verlag

insel taschenbuch 2401
Erste Auflage 2000
Originalausgabe
Insel Verlag Frankfurt am Main und Leipzig

Hinweise zu dieser Ausgabe am Schluß des Bandes
Vertrieb durch den Suhrkamp Taschenbuch Verlag
Umschlag nach Entwürfen von Willy Fleckhaus
Druck: Druckerei Konkordia, Brühl
Printed in Germany

1 2 3 4 5 6 – 05 04 03 02 01 00

Die Erben von Salamis
oder
Die ernsten Griechen

So sind die Götter gereist, mit den Winden, von den Lüften getragen im Licht. Die Sonne verglitzert das Metall der Flügel, flammt durch die Fenster in die Kajüte der Maschine. Dädalus' Triumph, Ikarus' Traum, Merkurs Gewinn. Geschäftsleute, Touristen. Langeweile der Blasierten. Das Standardmenü: Kalbsschnitzel in Tomatensauce. Vier Stunden von München und dreitausend Meter hoch. Keine Wolke. Die Erde ruht wie ein Lammfell gebreitet, aufgeschnitten, gegerbt, zackig, mit Buchten, begrenzt vom Meer, graugrün, schmutzigweiß, auch schwarz, von der Helle überglast, echtes Himmelblau. Griechenland, Sagenland, die Heimat der Götter, die Wiege des Denkens, der Hybris und der Tragödie, der Garten des Mythos. Wer kehrt nicht heim, wenn er nach Griechenland fliegt? Mein Lehrer in der Sexta, verlachter Mann im Gehrock, mit abstülpbaren Manschetten, steifem Kragen, schwarzem Plastron, schaukelndem Zwicker am Band betete mit erhobenen Armen »Polla ta deina – vieles Gewaltige lebt …«. Hölderlin hat die Gestade nie erblickt, doch seine Seele vermählte sich den besungenen Meeren. Der Lautsprecher ruft: »Rechts sehen Sie jetzt den Olymp!« Die Kuppe ist leer. Eine Handvoll Schnee. Weißer Raum gegen einen schweigenden Himmel. Die Titanen arbeiten als Physiker in Göttingen, in Princeton und in Moskau. Die Götter haben Studienratsstellen angenommen. Festschnallen zur Landung. Athen ein Häusermeer in einer Mulde zwischen sonnenzerfressenen Bergen. Geröll. Steine, flache Dächer, vegetationslos. Die Akropolis verliert sich in einem graugelben Gewirr. Die Maschi-

ne setzt auf. Man ist da. Der Augenblick ist seltsam glanzlos. Vertrocknete Erde, Wellblechschuppen, Geruch nach Ölbrand, ein Düsenriese erhebt sich für New York, die Polizei ist altmodisch genau, altmodisch bürokratisch und altmodisch töricht zugleich.
Venus könnte aus dem Meer steigen. Die Etesien wehen. Die See ist schwarz mit weißen Schaumkronen. Der saronische Golf. Irgendwo muß Salamis liegen. Gegen den Horizont Kriegsschiffe, graue drohende Schatten. Magere kahle Bäume werden vom Wind gegen den Sand gedrückt. Ein Flugzeug nach dem anderen gleitet heran, donnert fort. Athen ist ein Luftkreuz. Breite Straßen, Staub, amerikanische Automobile, hin und wieder ein Eselskarren. Einstöckige kleine Häuser, jeder Grieche ist einmalig. Burgen mit geschlossenen Fensterläden gegeneinander gewandt, von der Hitze gelaugte gelbe

oder kalkige Mauern. Die Akropolis schwebt wie eine Vision fern und überall, ein erhofftes, ein erwartetes Phantom, der Materie gewordene Geist der Geschichte gespenstisch in der bleichen Luft.
Die ersten griechischen Säulen, die ich sah, waren römisch. Sie gehörten zum lieblichen Triumphbogen des Kaisers Hadrian und geben ein falsches Bild. Wäre ich aus dem Taxi ausgestiegen, hätte ich die Inschrift lesen können. Gen Westen: »Dies ist Athen, des Theseus alte Stadt.« Gen Osten: »Dies ist des Hadrian und nicht des Theseus Stadt.« Lauter Unsinn! Es ist die Stadt Ottos von Bayern, gesegnet mit Trümmern aus der Zeit des Perikles, mit Steinen, die reden, gezeichnet von Naturgewalten, von Eroberern, von der langen Herrschaft der Türken und immer und ewig im Angesicht der alten Götter.

Der Verfassungsplatz, die breite Lichtung im Zentrum von Athen, war am Nachmittag ein Beispiel mediterraner Sommeröde. Helios brütete auf seinem Thron, ein weißglühender Tyrann. Mensch und Tier hatten sich versteckt, und in den Eukalyptusbäumen der rechteckigen Anlage sengte das Laub. Die großen Hotels wirkten wie Versteinerungen. Das Parlamentsgebäude, als Königsschloß von dem Münchner Architekten Gärtner erbaut, glich dem Rohbrand eines Kunstgewerbestückes im Ofen einer Porzellanmanufaktur. Davor wehten die Flaggen der Staaten des Atlantikpaktes wie grelle Flammen. Erst im künstlichen Klima der Hotelhalle atmete man auf, war aber aus Griechenland nach Amerika geworfen und betrachtete die Händel der Welt mit dem Optimismus der New York Times, überseeische Ausgabe. Mutiger war es, standzuhalten, aus dem Fenster des einzigen alten Gasthofes ohne elektrische Kühlung auf den verlassenen Platz zu blicken, von Schwüle bedrängt, von Mükken umsummt und irgendwo in der Gegenwart des großen Zeus. War er der alte Hausierer mit den Schwämmen, gebeugt unter mythenflockiger, sonnengelber, aus dem Meer, aus der Tiefe geraubter Last? Er setzte sich auf die Terrasse eines gästelosen Cafés, ein wahres Fabelgeschöpf, ein gefallener Mond, von dem man doch erwartete, daß er nach kurzer Rast, daß er zur Nacht aufblühen werde, aufsteigen über die Stadt, ein Glück für die Träumer. Hinunter in das Café. Zeus ist auf Handel aus. Listige Augen in einem Gesicht aus lauter Falten. Er überredet deutsch, französisch und englisch. Zehn Mark der dürre Schwamm, aber wie tief ist das Meer, wie grausam des Tauchers Tod, und das poröse, seinem Element entrissene Wesen soll im gefahr-

ΜΙΑΚΛΙΝΗΚΕΝΗΦΕ
ΡΕΤΑΙΕΣΤΡΩΜΕΝΗ
ΤΩΝΑΦΑΝΩΝ
ΑΝΔΡΩΝΕΠΙΦΑΝΩΝ
ΠΑΣΑΓΗΤΑΦΟΣ

losen Wannenbad aufleben und wie ein Kuß der Nereide sein. Ein Kellner bringt schlaftrunken Eis. Ein aufgescheuchter Knabe kommt mit kühlem Wasser. Vierunddreißig Grad im Schatten! Erst mit der schnell fallenden Dämmerung erwacht Athen. Auf allen Dächern leuchten Reklamen. Fluggesellschaften ringen miteinander um den Fahrgast, die Erdteile werden angepriesen. Ein durstiges Maul wirbt für das Bier des deutschen Brauers Fix. Die Kaffeehausstühle sind besetzt. Der Platz ist auf einmal mit Menschen übersät. Das Bild ist westeuropäisch, gar nicht orientalisch, nicht einmal italienisch bunt. Ein ernstes, ein geschäftiges Volk. Ein hektischer Verkehr. Alle Automobile brausen mit quietschenden Reifen in die Kurve. Keinerlei Rücksicht auf Fußgänger wie in Paris oder in Rom. Die städtischen Autobusse rasen überfüllt. Ihre Fahrtziele bleiben auch für den, der griechisch buchstabieren kann, ein Rätsel. Die Autobusse schienen mir geradewegs in die Sage, wenn nicht in die Unterwelt zu fahren. Jede Frau war Ariadne, jeder Passagier Theseus, und Minos saß am Steuer. Der erste Eindruck war dennoch unliebenswürdig. Stieß man einander an, entschuldigte man sich nicht. Es war wie Walther Mehring von Berlin gesungen hatte: keine Zeit, keine Zeit! Selbst die orthodoxen Geistlichen drängten wie in eiligen Geschäften voran, schwarzer hoher Hut, patriarchalischer Bart, aufgesteckter Knotenzopf im Nakken. Die Zeitungen blieben unverständlich. Ihre Verkäufer brüllten, als wäre der Krieg schon ausgebrochen. Kein Flirt. Eher ernste Verhältnisse. Eine Frau redete an der Autobushaltestelle auf einen Mann ein. Eindringlich, flehend, dramatisch, verzweifelt. Sie erinnerte an die Magnani in der Cocteau-Rolle der ver-

lassenen Geliebten am Telephon. Der Mann blickte gelangweilt, aufgehalten zur Seite, mit einem Schimmer von Hoffnung, wenn sein Bus kam, leidend, wenn er ihn wieder entschwinden sah. Die jungen Mädchen gaben sich brav und schienen noch nichts von dem Glück zu wissen, Teenager zu sein. Sie schleppten ihre Schulmappen, als trügen sie die Last der Tragiker und die volle Schwere des pythagoreischen Lehrsatzes. Athen roch nach frischgebranntem Kaffee, nach Vanille, Anis, nach Schokolade, geröstetem Mais, deutlich nach Insektenpulver und ein wenig nach Heringslake. Es war ein anregender Geruch!
Die Hauptstraßen sind sauber. Es läßt sich nicht mehr über sie sagen. Auf dem Fahrdamm zaubern die Automobile noch das Bild der großen Boulevards. Aber schon die Gehsteige sind provinziell. Bieder die Cafés, unelegant das öffentli-

13

che Leben, glanzlos die Auslagen der Geschäfte. Gesichtslose Großstadtfassaden. Dann aber ein biedermeierlicher Klassizismus, die Welt Ottos von Bayern und seines Baumeisters Klenze, später unter der Herrschaft des Hauses Glücksburg sogar wie für dänische Sommernächte gebaut. Kalter Marmor, Säulen ohne Geschichte. Das Haus Schliemanns enttäuscht. Hier erfüllte sich doch ein wunderbares Leben! Schliemann hatte die Antike aus dem uralten Grab geholt; ein armer Knabe war ein reicher Mann geworden und besessen von dem Gedanken, uns Troja zu schenken. Von der Loggia seines Hauses mochte er wohl auf die Akropolis blicken, aber sein Baumeister war keinem Genius begegnet, und nun ist das etwas komische und leicht ärgerliche Gebäude auch noch von Geschäftshäusern überragt und der Blick auf den heiligen Felsen verloren. Wer sehen will, wie Marmor lebt, wie der Gott aus dem Stein leuchtet und der Mensch blühte, der sich den Göttern nahe fühlte, eile ins archäologische Nationalmuseum. Der Geist ist Leib, der Leib ist Geist geworden! Die Kolosse, die Götter, die Heroen, die Athleten, die Knaben, die Weisen, sie überragen die Jahrtausende und uns. Der Übermensch? Hier ist sein Bild. Die Schönheit? Hier steht sie nackt. Was uns bleibt, ist Ergriffenheit. Was aufsteigt, ist Trauer. Dieses Glück war und ist verloren.

Der Homonia-Platz, der Eintrachts-Platz, das Zentrum des Volkslebens, die Wiege aller neugriechischen Aufstände, gleicht einer ungeheuren Grabplatte, aus weißem Metall, von Sonne geblendet, Mond und Sterne widerspiegelnd, mit Wasserspielen wie tanzenden hellen Gespenstern, von Häusern des neunzehnten und schon des einundzwanzigsten Jahrhun-

derts umstellt, europäisch provinziell, amerikanisch provinziell, hellenisch nur von der Luft und der freundlichen Silhouette der fernen Berge, doch gegenwärtig griechisch in seinen Menschenschwärmen. Sie wandern, sie stehen herum. Sie vergnügen sich nicht. Sie trotzen irgendwem. Dem Schicksal? Dem Lauf der Geschichte? Der Regierung? Dem König? Der modernen Gesellschaft?
Das Café an der Ecke ist überfüllt. Vier Tische vor der Tür, tausend in einem riesigen rechteckigen Raum. Schmiedeeiserne Säulen, nachgeahmte korinthische Kapitäle tragen die Decke. Die Marmortische schimmern gelb. Die Wand schmückt das rauchgebeizte Bild eines dunklen Eichenwaldes. Es ist eine Männerwelt. Nur Männer sitzen in diesem Café. Sie sitzen ernst allein oder ernst bei Geschäften oder ernst im politischen Gespräch. Es wird kein Alkohol getrun-

ken. Auf den Tischen steht immer nur die kleine Tasse mit dem süßen, dem starken, dem türkischen Kaffee. Ein alter geduldiger Kellner bringt das schwarze Elixier, dem ein Knabe mit dem Tablett der großen Wassergläser folgt. Über den Köpfen kreisen Ventilatoren und rühren die dicke heiße Luft. Manche Herren halten hier Hof. Große Bosse, einflußreiche Volkstribune. Bittsteller stehen demütig um sie herum. Ein Mächtiger, schon alt, nimmt den Strohhut nicht ab, es wird ihm Platz gemacht, er setzt sich breit, schwer auf den wackeligen Stuhl, er empfängt seine Klienten, er holt aus seiner rechten Tasche ein dickes Bündel roter Hundert-Drachmen-Scheine, aus der linken ein ähnliches grüner Fünfzig-Drachmen. Eine große Hand mit einem goldenen Ring legt sich fest auf den Reichtum. Seine erste Tasse Kaffee trinkt er gierig. Er bestellt eine zweite, was ungewöhnlich und fast das Zeichen eines Krösus ist. Auf allen Gesichtern ringsum strahlt Ergebenheit und aufrichtige Bewunderung.

Hinter dem Homonia-Platz liegen die Gassen der Garküchen. Volk schiebt sich und drängt sich. Keine malerische Tracht. Farblose Konfektion. Die Speisestätten strahlen noch Hitze in den heißen Abend, sie wirken wie überhitzte Öfen, und wirklich brennen überall Holzkohlenfeuer, es riecht nach Wald, nach versengtem Fett, nach Knoblauch und nach Rosmarin, nach den Weiden der von der Sage besungenen Hirten; über den lekkenden Flammen hängen Hammelrükken, Spanferkel, Hühner, Ziegen; Burschen drehen geduldig wie Sklaven die eisernen Spieße. Türkische Rollbraten, Schichten aus Rindfleisch und Speck rösten vor Feuerwänden. Die Köche schwitzen wie Knechte des Hephaistos, säbeln mit langen Mordmessern die garen Teile vom mächtigen Rund. Der Wirt ist ein rüder Kerl, ein energischer Geschäftsmann, sein Kopf mit den kurzgeschorenen Haaren erinnert erstaunlicherweise an einen deutschen Feldwebel. Er brüllt mit Stentors Stimme, hält brüllend seinen Betrieb in Schwung. Seine Kellner hasten wie Verdammte durch die Hölle. Ein jeder hat ein viel zu großes Revier zu versorgen, und in Deutschland hätten sie längst dem Wirt die Teller vor die Füße geworfen. Die Kellner scheinen sich in Hitze und Nässe aufzulösen. Der Lieblingssohn des Patrons sitzt hinter dem Kassenpult. Er wirkt wie angeschmiedet. Keine Spur von einer elektrischen Buchungsmaschine. Die Kellner weisen die Speisen und Getränke vor, die sie dem Gast bringen sollen. Der Sohn schreibt die Preise in die endlosen Rubriken eines ungeheuren Kontobuches. Des

Sohnes Hemd ist blauweiß, ist griechisch gestreift, die Ärmel sind hochgekrempelt, die nackten Arme sind muskulös und behaart. Der junge Mann ähnelt Achilleus. Er ist Achilleus. Wenn der strenge Vater ihn frei läßt, selten, fährt er einen roten, donnernden Sportwagen, ist Playboy am Strand von Glyphada. Bläuliche Schatten auf den frisch rasierten Wangen. Cäsarenfrisur. In die Aufsicht über die Kellner teilt sich mit dem Vater der Bruder des Achilleus. Er ist der ungeliebte Sohn. Er geht gebückt wie unter der Last der Gedanken oder der Enterbung. Er ist gänzlich unsportlich. Er versucht, Späße zu machen, über die keiner lacht. Vielleicht wird er ein Drama schreiben: »Vatermord«. Der Alte zündet sich für seine Zigarette einen Fidibus am Holzkohlenfeuer unter den bruzzelnden Braten an. Über der Flamme erstarrt für einen Moment sein Gesicht: kalter Geschäftsmann, ungerührter Tyrann. Hurer mit der Besitzsicherheit des Paschas. Sein Bauch fällt prall, nicht schlaff über den Gürtel, das Hemd öffnet sich über grauen Borsten, die kurzgeschorenen Kopfhaare sind schwarz gefärbt, im Scheitel angeklebt. Die Gäste schlemmen enggedrängt, im Rauch, im Dunst, verschüchtert in der Gewalt des Patriarchats. Keine lauten Stimmen. Kein fröhliches Lachen. Hin und wieder ein gereizter Disput mit dem geplagten Kellner. Geduld gegen den Mächtigen und Ungeduld gegen den Armen. Es wird Bier getrunken, das Bier des bayerischen Brauknechtes, der mit Otto dem Ersten ins Land kam. Zwei Männer teilen sich eine Flasche. Genießt einer Wein, mischt er sich sein Viertel nach überlieferter Weise mit Wasser. Dionysos lebt mäßig. Der Wein ist lauwarm. Nur das Wasser ist frisch. Allein das Wasser ist köstlich kalt.

Wo man auch in Athen steht, geht oder wohnt, die Akropolis ist nah. Immer gelingt es, einen Blick auf sie zu werfen, auf die Hochstadt, die Götterstadt, die über der gewöhnlichen Menschenstadt zu schweben scheint, im Morgenlicht, im Mittagsglast, in der Abendröte, mondscheinumhüllt, elektrisch angestrahlt. Die Akropolis ist der Pilger Ziel. Es kommen die Scharen, die überall gewesen sein müssen, aber es kommen auch die anderen, die ein ganzes Leben lang nur von diesem Felsen geträumt haben. Im allgemeinen fährt man mit den Fremdenverkehrsbussen hinauf. Das Unternehmen heißt »Hermes in Griechenland«, Führungen in allen Weltsprachen. Wer aber zu Fuß geht, wird belohnt. Er kommt erschöpft zum Tor, seine Füße spürten den Sand, die Steine, den Fels, er roch den Saft des harzschwitzenden dürren Gestrüpps, er fühlt sich von Helios geschlagen, gezeichnet, ausgezeichnet, und dann spürt er auf der Höhe plötzlich die frischen Winde. Das ist Hellas! Der hohe, der blaue, der wolkenlose Himmel, ein nie vorhergesehenes, ein wahrhaft beglückendes Licht, in einen weiten Horizont leuchtend, föhnig, aber nicht weich, nicht erschöpfend, eher herb und dazu der erregende, der unruhig machende Wind. Dieser Felsen erklärt alles; er offenbart die Größe Griechenlands, aber er zeigt auch den Ursprung der Tragödie. Laßt sie wimmeln, laßt sie in Gruppen stehen und dem Fremdenführer lauschen, der sein Tonband mit dem Munde spricht, laßt sie auf die gestürzten Säulen klettern und einander photographieren, sie sind wie ein Insektenflug, die Koren, die steinernen Mädchen des Erechtheion blicken aus toten Augen durch sie hindurch. Der Athener schuf sich selbst. Er schuf sich aus dieser Erde. Er wurde

Schlangenkopf und Schlange, und Erechtheus, ein erdgeborenes Schlangengeschöpf, machte sich zum König, und die Götter boten ihm ein Geschenk, Poseidon das Pferd, Athena den Ölbaum. Erechtheus wählte den Ölbaum und stellte sich unter den Schutz der Zeustochter, der ratgebenden, der einfallsreichen, der strahlenden, der finsteren. Das geschah vor gut viertausend Jahren, und so lange war der Ort der Geschichte ausgesetzt, die ihn formte, quälte, peitschte, beglückte und zuweilen vergaß. Was wir auf der Akropolis sehen, ist die Sage von der Sage. Es ist des Perikles Welt, es sind fünfzig, es sind allenfalls hundert Jahre Gnade und Glück und Genie. Es ist die Zeit nach dem Sieg von Salamis. Dieser Sieg war ein Wunder. Er gebar das heute so viel zitierte Abendland, das es ohne Salamis als Begriff gar nicht gegeben hätte, denn alles war schon verloren, Athen und die Akropolis, als die Athener die Perser in der Bucht von Salamis ertränkten und sich vom Orient und für einen weltentscheidenden Augenblick von der Tyrannis distanzierten. Ich sah Salamis, die Insel, von der Höhe der Akropolis, ein grauer Schatten, verwischt in einem anderen Grau, der das Meer war. Der Marmor, das Fundament, die Säulen, die Halle, das Haus des Parthenon. Erdbebenrisse, Sonnenrisse, Blitzrunen, Windschläge, Brandmale. Allerlei Leute klettern drin herum. Der Wind greift nach Röcken, Soutanen, Jacken, Hüten, treibt Entblößungen, Verhöhnungen, Steinmetzen schlagen die Quader wie seit zwei Jahrtausenden, fast mit demselben Werkzeug. Ein Hauch von Ewigkeit und um so klarer das Bewußtsein der Vergänglichkeit. Freude und Trauer. Ein gestrandetes Schiff, aber ein Schiff des Zeus. Diese Ruinen sind gänzlich unromantisch. Sie sind tragisch. All unsere Klassiker haben die Antike nur in ihrer italienischen Verwandlung gekannt. Goethe ist nicht in Griechenland gewesen, Winckelmann wurde in Triest ermordet. Vielleicht erkannte Winckelmann in seiner Todesstunde das tragische Gesicht der Schönheit. Goethe rettete um der Harmonie willen seine Iphigenie. Die griechische Iphigenie ließ sich schlachten, obwohl sie und ihr Schlächter genau wußten, daß das Opfer vergeblich war. Euripides wollte die Menschen, die schon nicht mehr an die Götter glaubten, mit den Göttern versöhnen. Die Hirschkuh war eine Verfremdung des Opfers. Man zog von der Akropolis mit Fackeln die heilige Straße nach Eleusis, die unterirdischen Geister zu beschwören. Man feierte die Mysterien und glaubte nicht an sie. Man erbaute nach Salamis Mauern, die die Akropolis mit dem Piräus, dem

Hafen, dem Meer, der Weltherrschaft verbanden. Man glaubte nicht an den Schutz der Steine und nicht an die Dauer der Macht. Was blieb, war der Abglanz eines sehr klaren, eines kühlen und sehr skeptischen Traumes. Man könnte ihn Freiheit nennen. Athen liegt dem Fels zu Füßen in weißer Hitze, ausgedehnt und ein Bild der Anpassung. Es war eine Hirtenstadt, es war eine Türkenstadt, es ist jetzt eine europäische Hauptstadt. Es glänzen speckig, glatt, abgewetzt die wohlerhaltenen Marmorbänke des Theaters des Dionysos, der Uraufführungsbühne des Aischylos, Sophokles, Euripides und Aristophanes. Geschichtsschwer, mythenschwer, obwohl in der Sonne, finster, liegt der Felsen des Areopag. Er war der unheimliche heilige Bezirk der Eumeniden, Ödipus soll dort begraben, Orestes gerichtet worden sein. Von dieser Höhe hat der Apostel Paulus zu den Athenern gesprochen: »Ihr Männer von Athen, ich sehe euch, daß ihr in allen Stücken allzu abergläubisch seid.« Paulus glaubte an den Glauben. Eine Epoche endete. Paulus wandte sich zur Agora, dem Markt, zum Volk. Dies war das alte Revier des Sokrates. Aber Sokrates war hingerichtet.

Hier lebten, hier wohnten, hier werkten, hier zankten sich die Athener, hier war ihr Markt, auch ihr Friedhof, hier besuchten sie die Gymnasien, hier wanderten Sokrates, Platon, Alkibiades, standen die Hermen, wurden die Hermen zertrümmert, hier sprach Kleon, der Gerber, zu den Mitbürgern, waren die Schulen der Sophisten und der Stoiker, hier erbten die Römer und die Türken, hier erbten wir. Der Tempel des Hephaistos, des Gottes der Schmiede, trotzt wohlerhalten den Zeiten. Im Umkreis Verfall, Alter, Schutt, Schmutz, die Ablagerungen der Ge-

schichte und neuerdings Ausgrabungen durch amerikanische Stiftungen. Es sind zwischen Lagerhäusern, Schuppen, Mauerstümpfen, unter Sandwind und Hitzestauungen die Gassen der Großmarkthalle, wo das Obst, das Gemüse, die Feldfrüchte, das Fleisch, die Fische, das Geflügel an den Kleinhandel verteilt werden. Kein Reichtum, Armut! Vor alten Karren geschundene Mähren, nur Fell und Knochen, die Augen von Fliegen zerfressen. Noch ärmer die kleinen grauen Esel. Und elend die Knaben, die da herumstehen, hungrige, mit dreizehn Jahren schon alte Gesichter. Landleute, die Füße fellumwickelt, Matronen, das Haupt in schwarze Tücher gehüllt, archaische Gestalten, hitzeunempfindlich, Ausgeburten einer verdörrten Erde, durch ein tägliches Wunder genährt wie die Vögel, und von den Mächtigen seit eh und je vergessen. Noch immer die Straßen der Töpfer, der Gerber, der Schuhmacher, der Tuchhändler, der Gewürzkrämer. Reste der Alten, Gänge der Stoa, die Ruinen der berühmten Bibliothek des Hadrian, verloren, verloren, herrenlose Hunde reiben das räudige Fell an den Säulenstümpfen, ein Kustode bewacht die Erinnerung, Touristen werden durchgeleitet, der Turm der Winde mißt eine andere Zeit, dann Moscheen, Haremsgitter, Mohammeds Kuppel und Minarette, doch das gleichschenkelige Kreuz triumphiert, überall Priester, die jungen von rosiger Haut, die alten pergamentfarben, schwarze oder graue Bärte, immer tieftraurige dunkle Augen, in den gewölbegleichen Kirchen treffen sich die Frauen zu einem Schwatz, Dämmerung, Mütterwelt, Ikonen, Kerzenflammen, Kronleuchter, Kristallüster wie im Salon eines Kommerzienrats seligen Angedenkens. Der Handel hat noch Bazarcharakter.

Strenge Aufteilung nach Branchen, ohne Rücksicht auf die Konkurrenz. Der Kunde kann vergleichen, er kann wählen, er mag bieten und darf weitergehen. Die Kaufleute sitzen in ihren zur Straße hin offenen Magazinen und trinken Kaffee. Den ganzen Tag über sind Knaben und Männer unterwegs, die auf schwankenden, an Fäden hängenden Tabletts den schwarzen Kaffee und die großen Gläser des köstlichen kalten Wassers tragen. Wo kommt das gute Wasser her, das die Athener in Unmengen trinken? Nirgendwo ist ein Quell oder ein Fluß zu sehen. Das Bett des Kephisos und Ilissos ist ausgetrocknet, ist krustig, geborsten und stinkt. Überall trifft man auf Kaffeehäuser. Wer zwei Stühle auf die Straße stellt, hat ein Kaphenion eröffnet. Eine Gelegenheit für Männer. Ein Ort, die Regierung zu stürzen, den König abzusetzen. In Gedanken. Eine Stunde, Millionär zu werden, glücklich wie der reiche Onassis. In den Träumen. In der Markthalle für den Kleinverkauf Fliegenschwärme auf dem pfannenfertig geschnittenen Fleisch. Schubkarren voll Kaldaunen. Überraschend wenige und teure Fische; nur der Polyp reckt aus dem entsetzlichen Korb der Gefangenschaft seine schleimigen bleichen oder babyrosigen Arme.

Dies ist die Plaka, die Altstadt, die Urstadt, auf den Hügel gebaut, aus dem sich der Fels der Akropolis hebt. Keine wirklich antiken Häuser, aber uraltes Leben. Die Wohnungen der Alten (sie standen hier) zerstörten die Erdbeben, die Eroberer, die Zeit, die Räuberscharen, die Türken. Von der Türkenherrschaft zeugt noch manche Mauer. König Ottos bayerische Architekten haben in der Plaka kaum Spuren hinterlassen. Hütten von Hirten, Villen von Gutsherren, Höhlen der Armut haben sich hier zu einer ei-

ΦΑΚΗ ΧΟΝΔΡΗ ΝΕΑ ΣΟΔΙΑ 350
Παραδοσιακό ΦΑΣΟΛΙΑ ΜΑΥΡΙΚΑ ΝΕΑ ΣΟΔΙΑ 420
Παραδοσιακό ΡΕΒΥΘΙΑ ΧΟΝΔΡΑ ΝΕΑ ΣΟΔΙΑ 400
ΡΥΖΙ ΚΡΥΣΤΑΛ 1κ 350 ΔΡΧ 5κ x310 1550 ΔΡΧ
Παραδοσιακό ΡΥΖΙ ΚΑΡΟΛΙΝΑ ΝΕΑ ΣΟΔΙΑ 390
Παραδοσιακό ΜΠΑΡΙΝΙΑ ΧΑΝΤΡΕΣ! ΤΟ ΚΑΤΙ ΑΛΛΟ 400
GRECHTCA ΜΑΥΡ. ΣΙΤΟΣ 450
Παραδοσιακό ΚΟΥΚΙΑ ΝΕΑ ΤΟ

genen Stadt gefunden, zu engen Gassen, oft durch steile Treppen verbunden, auf dem Sonnenhang, im Windschutz der Akropolis. Es ist ein Volksquartier, und der Reisende findet es romantisch. Es sind die Straßen der Tavernen. Stühle und Tische auf die Treppen, auf das Dach gestellt, ein Weinfaß vor die Tür, ein Feuer entfacht, und das übrige tun der Abend, die Nachtkühle, der Sternenhimmel, die Akropolis im Mondschein oder elektrisch angestrahlt. Die Küchen sind immer heiß wie die Kesselräume eines Schiffes, und die Köche sehen bei den Flammen des Holzfeuers wie die Heizer altmodischer Dampfer aus. Man tritt vor die Glut und wählt. In großen Kupferpfannen schmort Fett vom Hammel, vom Schwein, selbst das Geflügel dünstet in einer Fettsoße. Natürlich auch Kaldaunengerichte und Tintenfischragouts und all die Pasteten von Würzfleisch in Lattich gebacken. Die Griechen können kochen. Zuerst schmeckt dem Reisenden das Essen, man giert danach, häuft sich allzuviel Fremdes auf den Teller, später widersteht es. Anregende Gewürze, die nach den trockenen griechischen Wäldern duften. Es ist die Stunde, Rezina zu trinken, den geharzten Wein, von dem Griechenlandenthusiasten sagen, daß man das Land nicht verstehe, wenn man ihn nicht möge. Ich mochte Griechenland, ich wollte es verstehen, ich probierte den Rezina, er kam in einem roten Kupferkännchen, aber ich schmeckte Möbelpolitur. Ich schämte mich. Ich bestellte ein zweites und drittes Kännchen, ich überwand meiner Zunge Widerstand und fühlte mich bald wie eine frisch gehobelte Kommode. Ich habe es nicht geschafft, des Rezinas Freund zu werden. Ich verlangte schließlich nicht rezinierten Flaschenwein, der mehr oder minder langweilig schmeckte, und Dionysos haderte mit mir, was mich sehr schmerzte. Aber Dionysos ist kein König mehr in Griechenland. Es wird wenig Wein getrunken, kaum zum Essen ein Glas. Der Gang durch die Plaka ist lebenswarm und alter Geheimnisse voll. Stimmen hinter den offenen, doch mit Tüchern verhangenen Fenstern. Familienstand, Streit, Zärtlichkeiten, Bettgemurmel, unverständliches Plätschern und doch noch immer Homers Sprache. Alte Frauen in dunklen Fluren. Tuschelnde Jugend auf den Dächern. Eine Ziege, Hunde, Katzen über den Weg. Ein Blinder. Pans Flöte. Ein gewundener Pfad führt zum Aussichtsplatz. Eine Hütte, ein paar Stühle. Es wird Limonade ausgeschenkt. Die Zikaden zirpen in den Bäumen, in den Büschen, nach der Sage, Liebhaber, die nicht sterben wollten, nun zusammengeschrumpft, winzig geworden, der Gottheit klagend. Athen liegt unten, weit ausgedehnt, ein Lichtermeer und eigentlich diesem Felsen fremd. Die breite, an der Akropolis vorbeiführende Straße des Areopag ist für den Verkehr gesperrt. Im schön erhaltenen antiken Theater des Herodes Atticus, eines reichen Atheners der Spätzeit, wird die »Iphigenie« des Euripides aufgeführt. Die alten Sterne schauen zu. Die alten Steine lauschen dem Chor. Für die Aufführung wirbt ein Plakat, das den Schattenriß einer Trauernden zeigt, einer Kitharaspielerin, einer ergreifenden Gestalt. Auf der Straße promeniert man und genießt den Abend. Hin und wieder ein Echo des Chors. Lichter auf dem Berg der Nymphen. Wenig Liebespaare. Ein paar Strichmädchen, nicht typisch für Athen, sie könnten auch in München spazierengehen. Gepflegte Polizisten bewachen das Auto des Königs, der sich die

Vorstellung ansieht. Auf der anderen Seite der Straße stehen neue moderne Häuser mit großen Fenstern und luftigen Veranden. Welche Wohnungen für pensionierte Oberlehrer! Aber die Mieten sind leider hoch. Die Akropolis brennt im roten Flutlicht der Scheinwerfer. Was mögen die Bewohner dieser Häuser träumen?

Neue Hotels, Bauten aus Beton, Glas und Metall am Amalia-Boulevard, nach einer oldenburgischen Prinzessin genannt, die hier Königin war, festgeschlossene Fenster, das künstliche Klima zu bewahren, die elektrische Kühlung, in der die erschöpften Touristen wie Fische in einem Aquarium schließlich ein wenig fröstelnd atmen, blicken auf den Nationalpark und die Zappeion-Gärten, die hinter dem alten Schloß, dem Parlamentsgebäude, und vor dem neuen bescheidenen königlichen Palast, einer

Großkaufmannsvilla, liegen, und die Henry Miller den schönsten Park der Welt genannt hat. Die Wache zieht zum Grabmal des Unbekannten Soldaten. Drei junge Leute im Marschtritt hintereinander, wohltrainierte, gutgenährte Körper, braungebrannte bäuerische Gesichter, englisch die Uniform, amerikanisch die Ausrüstung, französisch die Ehrenflamme, hellenisch das Mauerbild, ein gefallener antiker Krieger, nackt den Helm noch auf dem Kopf, den Schild nun nutzlos zur Seite, und dann neugriechisch die Daten der Siege seit dem Tage der Unabhängigkeit. Verstaubte Blüten, verdschungeltes Gebüsch, schon tropische Gerüche, gemischt mit dem Friedhofsduft der Zypressen, hinter Maschendraht gehegte wilde Vögel, Pfauen im Freigelände und am Tag die Kinder, unendlich viele Kinder, die von besorgten Müttern andauernd mit Süßigkeiten oder

Kernen von Pistazien, von Sonnenblumen, von Mais vollgestopft werden. Die brennende Sonne verwandelt sich unter Bäumen in Schwüle und heizt noch den Abend. Sittsame Lustwandler! Die Akropolis schwebt da, von Werbelicht getragen, wie eine Handelsmarke am Himmel. Was übrig blieb von römischer Verfremdung, der Triumphbogen des Hadrian, wird süß bestrahlt. Die Zikaden zirpen ihr altes zornwütiges Lied. Das Zappaion, eine Ausstellungshalle klassizistischen Stils, sandgelb, ein säulengetragener Giebel, offenbart eine Schullehrerantike, stört aber das Volk nicht, das Orpheus singen hören will. In einem Parkcafé, von Milchglaskugellampen hell, steht ein italienischer Schlagersänger auf einem Podium vor einem Mikrophon und schluchzt den Reisegesellschaftstraum von den südlichen Nächten. Die Griechen dulden es. Vielleicht möchten sie sich bei künstlichem Licht italisch romantisieren, was ihnen bei Tage ihr Himmel, ihr Wind und ihre Erde verbietet. Von den marmornen Göttern zu schweigen! Aber dem Sänger, dem heruntergekommenen falschen Orpheus folgt eine Griechin auf dem Podium, stämmig, energisch, kehlrauh, die das Mikrophon, wie ein Ringkämpfer den Gegner, packt und über die Reihen der Limonadentrinker ein Lied schickt, das seinem Klang nach im alten Heerlager gesungen sein könnte. Ein kleines Mädchen drängt sich durch die Menge und bietet Sträuße weißer Blüten zum Kauf an, die wie das ganze Griechenland riechen: alt, herb, harzig, knisternd. Das Mädchen lächelt nicht.

Das Schicksal Athens, die Zukunft der Welt und alles, was wir geworden sind, bestimmte oft das Meer. Von Athen zum Piräus, dem Hafen, führte ein mauergeschützter Weg. Die Mauern sind gefallen.

Man fährt vom Homonia-Platz mit der heißen, ratternden Untergrundbahn der Gründerjahre und natürlich mit dem Auto auf vielen Straßen. Merkwürdigerweise ist es die enge Untergrundbahn, die heute noch ein Bild griechischer Seemacht bietet. Die Wagen sind voll von Matrosen, denen eine schwarze Schärpe über dem weißen Hemd und der weißen Hose etwas vom Ruhm des Odysseus oder der Seeräuber verleiht, auch das Ansehen der Eroberer und Kolonisatoren. Fährt man mit dem Auto, kommt man den Vorstädten näher, dem heutigen Griechenland, seinem Alltag. Dem Mitteleuropäer erscheint ein schachbrettartiges Gewirr kleiner Häuser auf ausgedorrter Erde, die Bauten selber oft nur wie aus dem Lehm gehoben, in der Sonne gebackene Erhebungen, ein trostloser Anblick zu sein. Für die Griechen bedeutet jedes dieser Häuser die Bewahrung der Unabhängigkeit, die Behauptung der Persönlichkeit. In den kleinen Gärten wächst wenig oder nichts, aber sie schaffen die Distanz zu den Nachbarn. Man verbarrikadiert sich mit geschlossenen Fensterläden gegen die Hitze, aber auch gegen den Nächsten. Griechenland ist still, wo Italien laut ist. Kein Radiogeschrei zur Tür hinaus, kein Kinderlärm, keine Hausiererrufe. Das Schweigen ist eindrucksvoll. Eine Mondlandschaft, aber erhaben. Ein armes Bild, aber nicht ohne Größe.

Piräus aber ist herrlich! Gewiß, eine häßliche Stadt, grau, farblos, selbst ein wenig verkommen, bürgerlich verkommen, ohne die schillernde Fäulnis der alten Kultur, der Méditerrané. Aber Piräus ist das Griechenland des Meeres, ist das Griechenland der Inseln, es ist das Griechenland all der Pflanzstädte bis nach Kleinasien, bis nach Afrika und den Säulen des Herkules. Piräus ist das Herz der antiken Welt. Ein Herz, das noch immer schlägt. Da kommen am Morgen die Schiffe, da gehen sie gen Mittag, von Lesbos, nach Andros, von Mykonos, nach Naxos, da locken über der Bootstreppe in schöner griechischer Schrift die Namen von Chios, Kreta, Rhodos, Kythira, da wird nach Alexandria geschifft und nach Istanbul und nach dem besiegten Troja, immer ist es eine Arche Noah, die anlegt oder sich wendet, Kästen, die nur noch das Alter zusammenhält, und wenn sie auch Dampf ausstoßen, könnte doch Odysseus auf ihnen gereist sein, schwere Menschenfracht über alle Decks, das ist die Vergangenheit, die ankommt, das klassische Volk, die Götterkinder, oft in Lumpen, fast nie mehr in der Landestracht, meist in schäbigste Konfektion gehüllt, aber was für Gesichter, sie haben auf ihren Inseln, auf ihrem Meer noch

Apollon gesehen, und die schwarz gekleideten Frauen begegneten den Eumeniden, und der Pope, der keiner Schiffsfracht fehlt, faßt sein Kreuz wie ein vorchristliches Mysterium. Sie bringen wenig mit, und ihre Armut achtet die Kreatur nur nach ihrem Marktpreis. Hühner, an ihren Beinen zusammengebunden, werden wie ein Bündel zuckender Federn getragen. Kein Mitleid mit ihren brechenden Augen. Ziegen, Lämmer, Kaninchen für den Tisch der Stadt, Tausch gegen die Produkte der Industrie und der Reklame. Die Leute von den Inseln wissen, daß sie betrogen werden, aber sie fügen sich wie ihre Ahnen, unsere Urahnen in den unehrlichen Lauf der Welt. Welche Begrüßungen! Die Familie triumphiert. Großmutter, Mutter und Kind kommen an. Am Kai warten die Tanten, die Nichten, die Geschwister, die Vettern. Umarmungen, Küsse auf die

Wange. Man teilt, was man hat. Es ist nicht viel, aber es ist alles. Ein altes Weib bietet Heiligenbilder an. Sie stellt sich fordernd, drohend jedermann in den Weg. Man bekreuzigt sich. Man spendet. Das Weib hat den bösen Blick. Im Rund des Hafens kleine Kaffeehäuser ohne Alkohol. Die Garküchen mit den fetten Speisen und dem Möbelpoliturgeruch des Rezina. Alle Stühle wieder nur von Männern besetzt. Handelsgespräche und politische Seufzer. Stühle auch in der Sonne. Ernste Gesichter. Knaben kommen, die Schuhe der Gäste zu putzen. Hungrige Gesichter, magere Arme. Kleine, ernste, notleidende Geschäftsleute, Ernährer ihrer Familien. Spekulation auf den sagenhaften Dollar, auf den Reichtum der Fremden. »Shoeshine, shoeshine.« Kein Lächeln, keine Anbiederung und merkwürdigerweise in diesem alten Land, der Heimat der Faune, der Herm-

aphroditen, der staatlich geförderten Knabenliebe kein Versuch, die eigene Jugend, die griechische Schönheit zu verkaufen wie in Neapel oder in Taormina. Man lebt nicht leicht, man nimmt das Leben nicht leicht, man will es nicht leicht nehmen. In der Kirche sitzen die Mütter in Umschlagtüchern, als frören sie, unter den glitzernden Kristallüstern, die die reichen Reeder gestiftet haben, die ihre Geschäfte mit New York und mit Tokio machen, deren Kontore sich wie kleine Wolkenkratzer erheben, und dahinter liegen elende Straßen, Läden der Armut und am Abend muffigbiedere Lokale einer technisierten Striptease-Prostitution, eines traurigen Gewerbes, fern dem Treiben der Hetären, entfremdet der den Gott suchenden Hingabe von Eleusis, dem gastfreundlichen Tempeldienst von Korinth jenseits des ehrwürdigen Golfs.

Vom Piräus kann man mit dem Auto oder dem Bus, am besten vielleicht gar mit dem Fahrrad den sardonischen Golf entlang bis nach Cap Sunion fahren. Es ist die attische Riviera, eine der schönsten Straßen der Welt, ein vom Fremdenverkehr noch nicht allzu heimgesuchter weiter freier Strand, und es ist schon eine Reise in das Inselreich, in die Verzauberung, in das große Theater der Antike. Kastella, Tourkolimano, ein Fischerhafen, ein Ankerplatz der Yachten von regierenden oder vertriebenen Königen, von prosperierenden oder falliten Millionären und ihrer Klientel aus begabten Schwindlern, eleganten Schnorrern und verdienten Staatsmännern mit einem postkartenblauen Wasser, mit braunen Fangnetzen zum Trocknen auf den Kai gelegt, mit bunten Häusern amphitheatralisch an den Berghang geklebt, ist einer der wenigen populärmalerischen

Orte in Griechenland, eine etwas grell geschminkte Schönheit, ein Prospektgesicht, das keine weite Reise lohnt. Und Phaleron, das im Altertum gerühmte, der lange schon versandete Hafen, enttäuscht. Das Wasser riecht hier oft faul, stinkt aasig: ich weiß nicht, ob von Abwässern oder von der verwesenden Geschichte. Auf der Reede lagen grau, drohend, seltsam gedrungen die Schiffe der sechsten amerikanischen Flotte, als wollten nun sie ihr Salamis erleben. Man kann aus der Hauptstadt zum Strand von Neu-Phaleron mit der Untergrundbahn gelangen, und so badet hier auch das athenische Volk. Vom Wegwurf der Menschen verschmutzter Sand, baumlose, schattenlose Flächen. Matronen tauchten in langen schwarzen Hemden, unheimlich anzusehen, Todesgöttinnen, in das laue, noch weit hinaus flache Wasser. Ein etwas dürftiges Paradies für Kinder.

Ein einziger kleiner weißer Karren mit Speiseeis unter einem roten Sonnenschirm. Ein Kleinkinderkarussell wurde von halberwachsenen, in Schweiß gebadeten Knaben um seine Achse getrieben. Die Riviera beginnt. Bis zum Flughafen Ellinikon kleine Hotels, kleine Restaurants, kleine Cafés. Alles sehr bescheiden, ein paar Stühle, ein paar Tische, der Holzkohlenherd im Freien, zur Nacht ein paar bunte Glühbirnen unter die Sterne gehängt. Nach Glyphada hin wird alles eleganter, eine gepflegte, künstlich bewässerte Allee, Klubgebäude im Bauhausstil, modernere, doch nicht über zwei Stockwerke hinauswachsende Hotels, hin und wieder ein ehrgeiziges Restaurant in einem mühsam geschaffenen künstlichen Garten und dann das Asteria-Bad, gepriesenes Palm Beach von Athen, mit Hütten in einem prächtigen Park, nicht abreißender Lautsprechermusik, allgemeiner Bikini-Schau, doch nur am Sonntag überfüllt, dem sanftesten Sand und dem reinsten Wasser. Erst hinter dieser letzten Wegmarke der Zivilisation und der Moderne beginnt das Altertum, das Unverlorene, die stehengebliebene Zeit. Blaue Buchten, gewundene Pfade, Felshöhen, Ausblicke, Fernsichten, einsame Küsten, in Fels gebettete Mulden, Seewind, Seekiefern, Harzgeruch, Dornengebüsch. Der Wind wurde zum Sturm bei hellstem Himmel, strahlendster Mittagssonne. Eine Hütte in der Wellengischt. Der Wirt brät die Fische. Goldrote Schuppen. Ein kleines Mädchen brachte das Brot. Ein Knabe das Wasser aus einem steingedeckten Brunnen. Ich war eingekehrt wie vor Tausenden von Jahren. Der Wanderer, der noch kam, mochte Orestes sein. Lange schon konnte man Sunion sehen. Der Tempel des Poseidon krönte wahrlich das Kap.

In lieblichen Wellen stieg die Landschaft zur Kuppe an. Die Berge, die Täler, der Himmel, das Meer und der Tempel waren eins in einer nie wieder erlebten Unschuld der Natur, die den Menschen und sein Werk einschloß. Man glaubt, dem Gott zu begegnen. Man sieht ihn nicht, aber er ist deutlich da.
Durch Griechenland sollte man wandern, richtig zu Fuß gehen, mit nichts als einem Ranzen belastet und in ihm den Homer. Ich tat es nicht. Ich bereute es und beneidete die Studenten, die von überall hergepilgert waren, dann allerdings an den Chausseen die Autos anhielten, um mitgenommen zu werden. Das Automobil ist ein Kompromiß: es schenkt Unabhängigkeit, aber seine Schnelligkeit frißt das Erleben. Ich war ohne Wagen ins Land gekommen. So blieb mir die Wahl zwischen den Autobussen der Reisebüros und dem Linien-

verkehr fürs Volk. »Hermes in Griechenland« und all die anderen Transportunternehmen für fremde Reisende gewähren Komfort für teures Geld, aber sie bieten leider auch das Programm: Delphi an einem Tag, die Argolis an einem Tag, fünftägige archäologische Rundfahrt, Olympia eingeschlossen, fünfundsechzig Dollar pro Kopf und mit Pension. Die Linienbusse sind abenteuerlicher, man zahlt in Drachmen, was die andern in Dollar verlangen. Dafür tut man gut, sich vorher mit seinem Schutzengel zu beraten und den letzten Willen zu hinterlassen. Jede Auskunft, die man erhält, ist falsch. Die Annahme, immer jemanden zu treffen, der eine Fremdsprache spricht, ist töricht. Die Autobusse fahren hinter dem Homonia-Platz ab. Sie sind von ehrwürdigem Alter, sie sind überbesetzt und hochbeladen; was in den Körben, in den Säcken, zu Füßen und über dem Haupt lebt und krächzt und quietscht und sich windet, weiß Zeus allein. Ich reiste so nach Mykenä, nach Nauplia und Epidaurus. Ich kam auf Umwegen an. Ich stand vorm Löwentor in Mykenä, vor Agamemnons Grab, ich sah die Burg in Argos, ich hörte meine Stimme im Theater von Epidaurus, aber ich glaubte es nicht. Es war ein mächtiger, ein unwirklicher Augenblick. Ich war aus der Zeit gehoben. Der Bus watschelte wie eine Ente, die ein Rennen gewinnen sollte. Jede Kurve, jedes Gefälle nahm der Fahrer in leichtsinnigster blinder Todesverachtung. Vielleicht hatte er dem Asklepios einen Hahn geopfert. Die griechischen Passagiere fürchteten nicht den Tod, sie fürchteten die Zugluft. Die Fenster waren geschlossen. Die griechischen Passagiere fürchteten die Sonne. Die Fenster waren verhangen. Die Griechen waren reizende Leute. Sie boten mir zu essen und zu trinken an. Eine junge Frau balancierte auf meinen Knien ein großes Tablett mit einem wunderschönen gekochten Fisch. Der Fisch sah mich, der ich unschuldig an seinem Los war, vorwurfsvoll aus seinen toten Augen an. Die junge Frau, die den Fisch hielt, blickte ernst. Ich weiß nicht, wie Korinth aussieht. Ich glaube, staubig, kalkweiß, irgendwie ernüchternd. Hölderlin kannte Korinth. Hyperion lebte dort »wie die Biene unter Blumen«. Hölderlin war zu Hause geblieben. Ich, der ich hinreiste, weiß jetzt nur, wie man Fische in Korinth bereitet. Mykenä ist ohne Marmor. Es ist ohne Hoffnung. Wie von Felsen in die Zange genommen. Eine böse Felsenburg! Man ahnt das Meer, aber man sieht es nicht. Weil man die mörderische Geschichte des Ortes kennt, bildet man sich ein, daß hier alles zum Ersticken sei. Wo der Wind nicht weht, wittert man Blutgeruch. Man geht durch Schächte, zwischen Mauern aus schweren Steinblökken. Die Leute, die hier wohnten, hatten Angst. Ich glaube nicht, daß diese Mauern sie mit ihrer üblen Familientragödie allein lassen sollten. Die Leute, die hier wohnten, hatten Angst, daß ihnen etwas gestohlen werden könnte. Agamemnons Erben besaßen als erste auf dem Festland Kultur. Ringsum war Barbarei. Die Götter waren noch nicht beschwichtigt. Sie waren wütend. Auch die Natur zeigte noch, von keinem Dichter harmonisiert, von keinem Maler verklärt, ihr wahres, ihr menschenfeindliches Gesicht. So schlossen sie sich ein, »im goldvollen Haus«, das Schliemann mit dem goldenen Spaten fand, und schmorten allmählich in einer wahrhaft Sartreschen Hölle, ein jeder des anderen Teufel. In Epidaurus war das Drama von Mykenä schon geschrieben. Es hatte fortan seinen ästhetischen Reiz. Das Theater von Epidaurus ist wohl das schönste der Welt. Die Callas soll dort gesungen haben. Ich habe sie nicht gehört. Ich hatte das Glück, für eine Weile allein vor den verwitterten, dumpf schweigenden Steinen der Sitzreihen zu stehen, und ich meine, das Erhabene ist hier das Schweigen. Kein Festival kann sich mit diesem Schweigen messen. Epidaurus ist die Heimat des Asklepios. Die Felsen von Mykenä sind eine Drohung hinter dem Horizont. Epidaurus ist Heil-Land. Wir würden sagen, ein Kurort. In Epidaurus hat sich die Natur mit dem Menschen versöhnt. Ein Abend in diesem Schweigen, und er wird nie vergessen werden.

Aber der Teufel oder ein Wirt im meerumschlungenen Nauplia, der all seine Zimmer an ein Reiseunternehmen vermietet hatte, ständig ausverkauft war, der den Menschen ganz ungriechisch nur als

Menge schätzte, trieb mich nach Sparta. Vielleicht wollte ich auch ein altes, von der Schule her mir gebliebenes Vorurteil gegen diese kriegerische Stadt, diese größenwahnsinnige Kaserne bestätigt finden – oder insgeheim ihr Abbitte tun. Ich kam durchgerüttelt, übermüdet an und fand gegen Morgen Sparta, wie das Gesetz es befahl: tot. Thukydides hat der Stadt der Lakedämonier die Verödung vorausgesagt. Literaten, Künstler, Philosophen galten in Sparta nichts, und sie haben sich gerächt, indem sie den Ort in die Vergessenheit fallen ließen, nur die deutschen Gymnasiallehrer liebäugelten mit dem antiken Militarismus, doch selbst die alten Steine im wilden schönen Eurotostal sind nun wehrlos. Otto der Erste, der Bayer, hat die Stadt in Reih und Glied langweilig, recht nach dem Gesetz, nach dem sie angetreten, wieder aufgebaut. Der Platz vor dem Hotel war

leer. Er blendete in einem aggressiven Weiß. Ein alter Pfefferbaum schüttelte sich.

Nach Delphi fuhr ich mit »Hermes« und seinem Komfort, bekam dafür alles in drei Sprachen dreimal erklärt, und ich weiß noch immer nicht, warum die Reiseführer sich verpflichtet fühlen, das Schulbuch aufzusagen und witzig zu sein. Genügte es nicht, wenn sie verkünden würden: wir sind in Delphi, habet Ehrfurcht, hier ist die Heilige Straße, dort der Felsen der Sibylle, hinter ihm der Apollon-Tempel, nutzet die Stunde, um vier Uhr geht's weiter. So zürnt Apollon mit den Besuchern, und kein Orakelspruch wird ihnen auf den Weg gegeben. Ich trank mit amerikanischen Damen, französischen Lehrern und deutschen Geschäftsleuten aus dem kastilischen Quell. Eine Holländerin fand alles einmalig. Der Parnaß hüllte sein Haupt in Wolken. Im

Museum blickte der große Wagenlenker auf eine leere Bahn. Wünschen Sie Musik, fragte auf der Heimfahrt der Reiseleiter, und die Lautsprecher sangen »La Luna«, italienisch, deutsch, englisch. Es war aber kein Mond zu sehen.

Abbildungsnachweis

Seite 4: Ein gutbürgerliches Kafenio am Omonia-Platz (Kostas Kontos)
Seite 8: Blick auf die Anafiotika, eine kleine Siedlung am Fuß der Akropolis (Kostas Kontos)
Seite 12/13: Akropolis (Celentano/laif)
Seite 17: Die Königliche Garde vor dem Parlament, Syntagma-Platz (Gernot Huber/laif)
Seite 21: Tür im Anafiotikaviertel (Martin Kirchner/laif)
Seite 28: Straßenverkäufer (Kostas Kontos)
Seite 38: Akropolis, Karyatiden am Erechtheion (Gernot Huber/laif)
Seite 43: Auf dem Zentralmarkt (Martin Kirchner/laif)
Seite 50/51: In Nationalgarten (Martin Kirchner/laif)
Seite 59: Ein typisches Kafenio (Kostas Kontos)
Seite 66/67: Mikrolimano, Yachthafen in Kastella, Piräus (Kosta Kontos)
Seite 74: Über die Römische Agora zum Klassizismus der ottonischen Zeit, Plaka (Kostas Kontos)

Zu dieser Ausgabe

insel taschenbuch 2401: Der vorliegende Text folgt der Ausgabe: Wolfgang Koeppen. Gesammelte Werke in sechs Bänden. Herausgegeben von Marcel Reich-Ranicki in Zusammenarbeit mit Dagmar von Briel und Hans-Ulrich Treichel. Band 5: Berichte und Skizzen II. Gesammelte Werke © Suhrkamp Verlag Frankfurt am Main 1986.
Umschlagfoto: © Fiala/Premium